Das Spiel

Du bist ein römischer Soldat, der auf dem Siegeszug viele Länder erobert. Du baust Straßen, schlägst deine Gegner aus dem Feld und kehrst wohlbehalten nach Rom zurück.

Die Villa

In der Schatztruhe ist auch das Modell einer römischen Villa. Halte dich an die Bastelanleitung, schon hast du dein eigenes Landhaus.

Gestalte ein Mosaik

Auf der Innenseite der Schatztruhe ist ein farbiges Mosaik abgebildet. Du siehst, wie zeitaufwendig diese Kunst gewesen sein muss. Eine Schwarzweiß-Kopie liegt bei. Viel Spaß beim Ausmalen!

Der Zeitplan der Römischen Geschichte

Verfolge die Entwicklung Roms vom kleinen Städtchen am Tiber zum großen Weltreich. Den Plan kannst du in deinem Zimmer an die Wand hängen.

Die Bulle

In der Schatztruhe liegt eine goldene Bulle, ein Schmuckanhänger. Du kannst sie an der goldenen Kordel – genau wie ein Römerkind – um den Hals tragen.

Die Wachstafel

Mit dem Griffel kratzt du z.B. die römischen Zahlen (numeri) in die Wachstafel. Anschließend wird das Wachs mit der breiten Seite des Griffels geglättet, damit du weiterschreiben kannst.

ROMS WEG ZUR MACHT

*Die Anfänge eines der größten Reiche der Welt-
geschichte waren ziemlich bescheiden. Ungefähr
800 v. Chr. siedelten sich einige latinische
Stämme in Rom am Tiberufer an. Diese
Siedlung wuchs und unterwarf nach
und nach ihre Nachbarn:
Griechen, Etrusker und
Umbrier. Das frühe Rom
wurde von Königen regiert,
bis die Römer 509 v. Chr.
Tarquinius den Stolzen, einen
etruskischen König, vertrieben.
Danach wurde Rom zur Republik
und es regierten gewählte Senatoren.*

Rom

- Griechen
- Latiner
- Umbrier
- Etrusker

A ls die Römer Italien und
die umliegenden Provinzen
eroberten, dehnte sich der römische Staat aus. Allmählich übernahm Rom
die Macht über die griechischen Gebiete
im östlichen Mittelmeerraum,
bis es zum Schluss ein Reich be-
herrschte, das von Britannien bis
nach Ägypten reichte.

*Der Sage nach wurden Romulus
und Remus, die Gründer der
Stadt Rom, von einer Wölfin
gesäugt*

Reichtum ist Macht

Senatoren waren meist reiche Adelige, die „Patrizier". Ihr
Wohlstand ermöglichte es ihnen, sich ausschließlich mit Politik
zu beschäftigen. Dies führte zur Unzufriedenheit unter den
einfachen Leuten, den „Plebejern". Ein Bürgerkrieg
wurde verhindert, indem man den mittelständischen
„Equites", den Rittern, mehr Einfluss gewährte.
Später waren dann auch die Plebejer im Senat
vertreten.

*Hannibal, der Carthager, errang einen
berühmten Sieg über die Römer, als er mit
seinen Elefanten über die Alpen zog.*

*Seeschlacht von Actium. Oktavian
besiegte Marcus Antonius und
Cleopatra und wurde so
Alleinherrscher in Rom.*

Die Streitkräfte

Über 400 Jahre lang wurde Rom vom Senat regiert. Aber so wie
die Armee wuchs, wurden auch die Feldherren immer einfluss-
reicher. Am Schluss lag die Macht in Rom in den Händen zweier
Männer – Pompeius und Caesar.

Julius Caesar

Caesar war ein mächtiger Politiker und der Feldherr, der Gallien
erobert hatte. Er gewann den Bürgerkrieg gegen Pompeius,
der die östlichen Provinzen regierte, und wurde so 44 v. Chr.
„Herrscher des Römi-
schen Reiches auf
Lebenszeit". Kurz
darauf ermordeten ihn
einige Senatoren, die
die Macht des Senats
wiederherstellen
wollten. Caesars Neffe
Oktavian verbündete
sich mit Caesars Freund

Ermordung Julius Caesars.

Marcus Antonius. Gemeinsam regierten sie –
Oktavian im Westen, Marcus Antonius im
Osten – das große Reich, bis es zum Krieg zwischen ihnen kam –
hauptsächlich wegen Marcus Antonius Verbindung mit Cleopatra,
der Königin von Ägypten. Oktavian gewann. Er nannte sich nun
Augustus Caesar und wurde 27 v. Chr. zum ersten
Kaiser gekrönt. Noch lange
regierten Kaiser in Rom,
bis 476 n. Chr. der
letzte, Romulus
Augustus, abge-
setzt wurde.

SOLDATEN UND SIEDLUNGEN

Rom erbaute sein Weltreich auf zweierlei Weise: mit Eroberungskriegen und mit Handelsabkommen. Wenn ein neues Land erobert war, übernahm die Bevölkerung die römischen Regeln ziemlich schnell, da sie ihnen Frieden, Wohlstand und ein besseres Leben brachten.

Silbermaske und Helm aus Syrien (1. Jh. v. Chr.).

Zu Beginn der Eroberungsfeldzüge bestand das Heer nur aus Freiwilligen. Unter Julius Caesar wurde dann ein Berufsheer aufgebaut und nur ein kleiner Teil der Soldaten war noch römischer Herkunft.

Das römische Heer

Das Heer bestand aus „Legionen", eine Legion aus etwa 5 500 Soldaten. Zehn Einheiten, „Kohorten", bildeten eine Legion und sechs „Centurien" mit je 80 bis 100 Mann eine Kohorte Die Centurien wurden vom „Centurio" angeführt, der – ähnlich wie heute die Unteroffiziere – für Ausbildung und Wohlergehen der Soldaten verantwortlich war. Die meist adeligen Offiziere nannte man „Tribune". Soldaten, die keine Römer waren, hießen „Hilfs-

Geldbörse eines römischen Soldaten. Diese hier ist aus Bronze und wurde um den Arm geschnallt.

Fort in Porchester, eine der am besten erhaltenen römischen Ruinen in England.

Das römische Fort bestand aus Baracken, einem Hauptquartier, dem Haus des Kommandanten, Läden und Lagerräumen.

truppen". Wenn sie 20 Jahre beim Heer gedient hatten, erhielten sie die römische Staatsbürgerschaft.

Das Heer als Vorbild

Das römische Heer diente als Modell für alle modernen Armeen. Es war sehr leistungsfähig, gut organisiert und bestand aus Kämpfern und Handwerkern. Auf allen Feldzügen bauten sie Straßen und Brücken um die Verbindung mit Rom zu halten. Wenn die Legionen ihr Lager aufschlugen, wurde immer ein provisorisches Fort mit einer Umpfählung gebaut. Viele europäische Städte, wie z.B. London und Trier, sind auf ehemaligen römischen Befestigungen errichtet.

Die Soldaten versuchten sich mit ihren Schilden zu schützen. Diese Kampfformation nannte man „Schildkröte".

Gesetz und Macht

Nach der Eroberung eines Landes übernahm das römische Heer dort die Verwaltung und die Friedenssicherung. Es stellte wichtige Handelsverbindungen her, setzte die römischen Gesetze in Kraft und baute öffentliche Einrichtungen wie Kanalisation, Wasserleitungen, Bäder und Gerichte. Die Soldaten wurden nach Beendigung ihres Dienstes mit Land belohnt und durften sich in den eroberten Gebieten ansiedeln. Dort wurden sie oft zu politischen Anführern.

Nachbildung eines Katapults. Mit dieser Maschine wurden Felsbrocken auf die Feinde geschleudert.

DAS RÖMISCHE REICH WÄCHST

Um 100 n. Chr. gehörten Britannien, Frankreich, Belgien, Spanien, Teile von Germanien, Osteuropa bis zur Donau, Griechenland, die Türkei, Syrien, Palästina, Ägypten und Nordafrika zum Römischen Reich. Die Römer beherrschten das gesamte Mittelmeer und die Nordsee zwischen Britannien und Europa. Römische Soldaten, Seeleute und Entdecker sollen sogar bis nach Äquatorial-Afrika, Indien und Amerika gekommen sein.

Die eroberten Völker durften zunächst keine römischen Bürger werden. Sie konnten weder wählen, noch politische Ämter bekleiden und das römische Recht schützte sie nicht. Erst 212 n. Chr. erlaubte ihnen Kaiser Caracalla die Staatsbürgerschaft zu kaufen, wodurch Roms Einkünfte stark anstiegen.

Julius Caesar mit Lorbeerkranz, dem Symbol des siegreichen Feldherrn.

Die Provinzen Roms

Das Römische Reich war in Provinzen eingeteilt. Diese wurden von Gouverneuren verwaltet, die der Kaiser selbst ernannte. Das Amt war oftmals die Belohnung für treue Dienste und brachte – vor allem im östlichen Mittelmeerraum – viel Geld ein. Aber die Provinzen waren nicht immer leicht zu führen. Die britannische Stammesführerin Boudicca widerstand lange Zeit der Besetzung ihrer Gebiete. Doch schließlich wurde sie besiegt und die Briten wurden unter römischer

Königin Boudicca ruft ihren Stamm zum Widerstand gegen die Römer auf (Gemälde).

Pontius Pilatus wäscht seine Hände nach der Verurteilung Jesu (Gemälde, 15. Jh.).

Herrschaft sesshaft und wohlhabend. Auch in Palästina rebellierte das Volk gegen die Römer. Der bekannteste römische Statthalter in Palästina, Pontius Pilatus, wurde berühmt, als er Jesus Christus zum Tode verurteilte. Aus römischer Sicht war er einer der besten Verwalter dieser Provinz. Doch wegen eines Überfalls auf die Samaritaner verlor er schließlich sein Amt und wurde nach Rom geschickt, wo er 30 n. Chr. vermutlich durch Selbstmord starb.

Rom und die Germanen

Einige Provinzen des Reichs blieben schwierig: Entlang des Rheins griffen die Germanen immer wieder Siedlungen und Befestigungen der Römer an. Deshalb begannen die Römer um 85 n. Chr. eine Grenzbefestigung (Limes) zu bauen, die entlang der Reichsgrenze zwischen Rhein und Donau verlief. Die Grenzanlagen bestanden aus Wällen und Gräben oder aus Steinmauern mit Wachttürmen. Ihre Reste sind bis heute zu sehen. Trotzdem war es den Römern unmöglich, die Germanen zu besiegen, und schließlich, 410 n. Chr., besetzten die Goten Rom.

Exotische Tiere, die aus allen Teilen des Reichs nach Rom gebracht werden (Mosaik).

DIE SKLAVEN

Roms Wohlstand wuchs ständig, weil die Kosten für Landwirtschaft, Bergbau, Handwerk und Transport durch Sklavenarbeit sehr niedrig waren. Sklaverei gab es schon seit Jahrtausenden – sie war keine Erfindung der Römer –, aber die Römer verfügten über unzählige Sklaven aus den eroberten Gebieten. Kriegsgefangene und von Sklavenhändlern verschleppte Menschen wurden zu Sklaven, Verbrecher verbüßten ihre Strafe in der Sklaverei und die Kinder von Sklaven blieben auch Sklaven.

Arbeitende Sklaven (tunesisches Mosaik).

E s war bei Todesstrafe verboten, freie Menschen als Sklaven zu kaufen oder zu verkaufen, aber arme Leute verkauften ihre Kinder trotzdem. Ungewollte, ausgesetzte Kinder durfte jeder, der sie fand, als Sklaven halten. Viele Sklaven trugen dicke Eisenringe um den Hals, die nur ein Schmied entfernen konnte. Das geschah nur dann, wenn den Sklaven die Freiheit geschenkt wurde.

Das Forum Romanum – der größte Sklavenmarkt des Reichs.

Gefangennahme von Spartakus, dem Anführer des Sklavenaufstandes von 73 bis 75 n. Chr. Er wurde nach zweijährigem Kampf zusammen mit seinen Generälen gekreuzigt (Holzschnitt, 19. Jh.).

An diesem Grabmal einer ehemaligen Sklavin sieht man, dass ihr Leben in Wohlstand und Behaglichkeit endete.

Ohne Rechte

Sklaven hatten keine Rechte. Sie wurden wie Waren ge- und verkauft und durften von ihrem Herrn sogar getötet werden.

Sklavenfamilien wurden oft getrennt. Im Bergbau arbeiteten die Sklaven unter Lebensgefahr. Galeerensklaven, die die römischen Kriegsschiffe ruderten, waren an ihre Bänke gekettet – sank das Schiff, ertranken sie alle. Kräftige Sklaven mussten als Gladiatoren zur Volksbelustigung in der Arena kämpfen. Sie kämpften gegeneinander oder gegen wilde Tiere – meist so lange, bis einer starb. Selten hatte ein Sklave Glück, überlebte und bekam die Freiheit geschenkt.

Das Steinrelief zeigt ein Sklavenmädchen mit ihrer Herrin.

Sklavenarbeit

Die Hausklaven hatten das beste Leben. Die Arbeit war nicht hart, das Essen gut und manche bekamen von ihren Herren sogar

die Erlaubnis zu heiraten und eine Familie zu gründen. Einige Sklaven wurden zu Lehrern, Ärzten, Köchen, Schreibern oder Bibliothekaren ausgebildet. Wenn ihr Herr starb, wurden sie freigelassen.

DAS LEBEN IN DER STADT

Alle größeren Städte des Reichs ähnelten Rom. Es gab große öffentliche Gebäude wie Bäder, Amphitheater, Tempel, Gerichte und oft auch Bibliotheken. Häuser und Wohnblöcke wurden um einen Platz herumgebaut. Die Häuser hatten Fußbodenheizung und in den Villenvierteln oft auch private Wasserleitungen.

Die Steintafel aus dem 2. Jh. n. Chr. zeigt eine Wirtshausszene.

In Rom selbst lebten die Plebejer in überfüllten Wohnblocks, die bis zu fünf Stockwerke hoch sein konnten und eine große Brandgefahr waren, da sie zum Teil aus Holz bestanden. Rom hatte deshalb eine eigene Feuerwehr, die das Löschwasser aus der öffentlichen Wasserversorgung durch Lederschläuche pumpte. Wegen der Brandgefahr war das Kochen in den Häusern verboten, sodass die Leute Gemeinschaftsküchen benutzten oder fertig gekochtes Essen einkauften. Die vorderen Räume des Erdgeschosses wurden oft als Läden vermietet. In einer typischen Ladenzeile bekam man Wein, Brot, Öl, Geschirr, Pasteten und Kuchen, warmes Essen, Fleisch, Stoff und Lederwaren. Es gab auch

In Verona/Italien gibt es fast so viele gut erhaltene römische Bauwerke wie in Rom selbst.

Grobschmied bei der Arbeit (Steinrelief, 1. Jh. n. Chr.).

*Ruine einer Mühle mit Bäckerei. Die Brote wurden in
geschlossenen Ziegelöfen gebacken.*

Friseure, Sandalen- und Stiefelmacher, Kräuterhändler, Schreiber
und Kerzendreher. Auf Straßenmärkten wurden importierte Seide,
Parfüm, Gewürze sowie Glas und frische Waren von Bauernhöfen
verkauft.

Körper- und Gesundheitspflege

Hygiene war den Römern sehr wichtig.
Es gab in jeder Straße öffentliche Wasch-
häuser, deren Wände – fast wie heute –
mit Graffiti bemalt waren, und Wasser-
stellen. Alle besuchten die Bäder und
wuschen ihre Wäsche in den Wäschereien.
Es gab Gesetze für die Müllbeseitigung
und sogar eine Straßenreinigung.

Straßenverkehr

Weil in den Straßen Roms reger Verkehr
herrschte, wurden Pferde und Karren
tagsüber aus dem Stadtzentrum verbannt. Die reichen Römer
ließen sich von ihren Sklaven in Sänften durch die Stadt tragen. In
sämtlichen römischen Städten bestanden die Straßen aus mehreren
Schichten Sand und Kies
und waren mit Rand-
steinen eingefasst. Sie
waren somit nahezu
unverwüstlich.

*Eine Straße in Pompeji. Die Stadt
wurde beim Ausbruch des Vulkans
Vesuv 79 n. Chr. unter der Lava
begraben.*

LANDLEBEN

Der größte Teil der Bevölkerung lebte auf dem Land und versorgte die Bewohner der wachsenden Städte mit Nahrungsmitteln. Die „villa", das Landhaus, konnte ein einfaches Bauernhaus oder ein hochherrschaftlicher Palast sein, je nachdem wie reich der Besitzer war. Jedes eroberte Gebiet wurde in Ländereien aufgeteilt, die der Staat verkaufte oder für Verdienste am Staat verschenkte.

Silbermünze, deren Prägung eine römische Galeere zeigt.

Es gab große Landgüter, die nur eine Getreideart anbauten oder nur Nutztiere züchteten. Die meisten Bauernhöfe erzeugten aber alles, was ihre Besitzer und die Sklaven zum Leben brauchten. Die Überschüsse wurden auf dem nächstliegenden Markt verkauft.

Innenhof eines römischen Landsitzes in Pompeji, mit Statuen, in Form geschnittenen Büschen und Springbrunnen.

Typische Erzeugnisse

Auf einem Landgut wurden Getreide, Gemüse, Trauben für Wein, Oliven für Öl, Obst-, Nuss- und Feigenbäume verkauft sowie Weiden für Körbe und Möbel. Man hielt sich Bienen für Honig und Kerzenwachs, züchtete Ziegen und Schafe für Milch, Käse und Wolle, Schweine für Fleisch und Leder, Hühner zum Braten und wegen der Eier. Die Sklaven kümmerten sich nicht nur um Felder und Vieh, sie sponnen und webten auch Wolle, flochten Körbe, stellten Ziegel und Kacheln her, töpferten Geschirr, pressten Wein und Olivenöl und machten Käse.

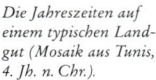

Die Jahreszeiten auf einem typischen Land-gut (Mosaik aus Tunis, 4. Jh. n. Chr.).

Der Handel

Wegen der großen Klimaunterschiede zwischen Provinzen im Süden, Norden, Osten und Westen konnten im Reich die verschiedensten Nahrungsmittel erzeugt werden: Die Römer ermutigten die Völker im Norden Rinder und Schafe zu züchten. Im Mittelmeerraum bauten sie Oliven, Wein, Rosinen, Gewürze und Getreide an. Mit diesen Waren wurde im ganzen Reich gehandelt. So speiste ein Senator in Rom spanischen Thunfisch, während ein Feldherr in Gallien sein Essen mit türkischen Gewürzen genießen konnte.

Ein Fischer bei der Arbeit (Mosaik aus einer römischen Villa in Sizilien, 3. Jh. v. Chr.).

EIN TAG IM ALTEN ROM

Die Leute standen bei Sonnenaufgang auf und frühstückten Brot, Käse und Obst. Danach beteten sie vor dem Familienschrein zu ihren Hausgöttern.

Einkäufe erledigte man am frühen Morgen, wenn es noch kühl und die Waren noch frisch waren. Die Sklaven kauften die Lebensmittel ein, die Herrinnen eher Seide, Schmuck und Parfüm. Der Hausherr widmete sich seinen Geschäften, z.B. im Gericht, oder ging zum Lesen in die Bibliothek.

Bronzener Opferstock in Form einer Hand, die mit mystischen Zeichen geschmückt ist.

Mittag

Da der Tag für alle so früh begann, war mittags die Arbeit oft schon erledigt. Auch die Schule endete gegen zwölf Uhr. In den heißeren Regionen hielten die meisten Leute nach dem Essen Mittagsschlaf.

Nachmittag

Der Nachmittag gehörte dem Vergnügen: Spiele in der Arena, Wagenrennen, Sport, öffentliche Reden und Theatervorstellungen. Vornehme Römer, mit privatem Wasseranschluss, badeten zu Hause. Aber viele zogen es vor, im öffentlichen Bad Freunde zu treffen, Geschäfte zu besprechen, sich die Haare schneiden und sich rasieren zu lassen und dabei zu essen und zu trinken.

Besonders gut erhaltenes römisches Bad in Bath/England.

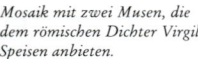

Mosaik mit zwei Musen, die dem römischen Dichter Virgil Speisen anbieten.

Die Frauen hatten ihr eigenes Bad, mit Schönheitsprogramm. Während die freien Bürger ihren Geschäften und Vergnügungen nachgingen, hatten die Sklaven zu Hause viel zu tun: putzen, Betten und Matratzen lüften, Essen vorbereiten, Wäsche waschen, Gartenpflege und die Kinder betreuen.

Früher Abend

Am frühen Abend öffneten die Geschäfte wieder. Auf den Straßen wurde es lebhaft. Die Römer konnten bei Lampenlicht warmes Abendessen einkaufen und in Weinstuben trinken, reden und Würfel spielen. Die Reichen luden oft zu stundenlangen Abendgelagen ein, aber die meisten Römer gingen bei Sonnenuntergang zu Bett, weil sie so früh aufstehen mussten.

Die Grabplatte zeigt ein Ehepaar, das an einem Tisch bedient wird.

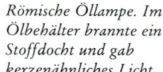

Römische Öllampe. Im Ölbehälter brannte ein Stoffdocht und gab kerzenähnliches Licht.

KINDHEIT UND JUGEND

Die Familie hatte im Römischen Reich einen hohen Stellenwert. Julius Caesar erließ einige Gesetze über die Bedeutung von Ehe und Kindern. Augustus Caesar verbot es, ungewollte Kinder auszusetzen. Trotzdem war die ärmere Landbevölkerung manchmal gezwungen ihre Kinder in die Sklaverei zu verkaufen.

Römisches Mädchen mit Wachstafel und Griffel.

Die römischen Kinder wuchsen in der Regel in ihren Familien auf. Am neunten Lebenstag bekam das Kind seinen Namen und ein Amulett, die „Bulle", die es als Zeichen der Freiheit um den Hals trug. Sie wurde getragen, bis die Jungen zum Mann wurden oder bis die Mädchen heirateten. Sklavenkinder bekamen keine Bulle.

Die Erziehung der Jungen

Für römische Jungen fing mit sechs oder sieben Jahren die Schule an. Reiche Familien hatten Hauslehrer. Ab dem zehnten Lebensjahr gab es Unterricht in Geschichte, Geometrie und Astronomie. Einige Grundschulen nahmen auch Mädchen auf, aber die meisten lernten zu Hause lesen und schreiben.

Schreiben und Lesen

In der Schule schrieben die Kinder auf Wachstafeln. Sie ritzten Buchstaben und Zahlen mit einem Griffel ins Wachs. Statt Büchern gab es Schriftrollen aus Papier, die von Hand mit einer Mischung aus Oktopus-Tinte, Ruß und Teer beschrieben wurden. Die Schule fing im Morgengrauen an und endete mittags.

Zwei Schüler studieren mit ihrem Hauslehrer Schriftrollen (Kopie eines römisches Reliefs).

*Auf diesem Kindergrabstein ist ein Junge
mit einer Ziege dargestellt. Er war noch
keine vierzehn Jahre alt, wie man an der
Bulle um seinen Hals erkennt.*

Spiele

Nachmittags durften die Kinder
spielen. Sie hatten Holzspielzeug
wie Wagen, Boote, Puppen,
Reifen, Kreisel und Stelzen. Sie
spielten mit Stöcken und Bällen,
kegelten und würfelten oder
spielten Verstecken. Sie schwammen, liefen
um die Wette und lernten Reiten. Mit vierzehn war ein Junge erwachsen. Er durfte
dann die weiße Toga tragen, durfte
wählen und wurde zum Militär-
dienst eingezogen. Mädchen
heirateten in diesem Alter.

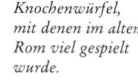

*Knochenwürfel,
mit denen im alten
Rom viel gespielt
wurde.*

*Jungen beim Würfel-
spiel (Marmorrelief,
2. Jh. n. Chr.).*

DIE RÖMERINNEN

Die Männer beherrschten die römische Gesell-schaft, der Vater war das Familienoberhaupt. Frauen durften nicht wählen und keine poli-tischen Ämter wie Senator, Statthalter oder Richter ausüben. Trotzdem hatten sie mehr Freiheiten und Ansehen als in allen vorherigen Gesellschaftsformen. Sie konnten ihre Väter beerben, Eigentum besitzen, Geschäfte machen und waren ziemlich unabhängig.

Römerin mit kunstvoller Perücke.

Eumachia, eine Venuspriesterin in Pompeji, besaß eine Weberei und eine Färberei. Sie schenkte der Stadt viele öffentliche

Bild des Frauenbades in Pompeji. Dort konnten Frauen baden und sich massieren und pflegen lassen.

Gebäude. Hypatia, eine gebildete Römerin, lehrte an der Universität von Alexandria/Ägypten Philo-sophie, Astronomie, Geo-metrie und Algebra. Sie erfand zahlreiche wissen-schaftliche Instrumente. Viele Kaiserinnen regierten, wenn ihre Ehemänner auf Reisen oder Feldzügen waren. Helena, die Mutter von Kaiser Konstantin, war mitverantwortlich für die Verbreitung des Christentums im Römi-schen Reich. Es gab auch Hebammen, Kinder-mädchen, Friseurinnen, Künstlerinnen und einige Ärztinnen.

Haarnadeln aus Dalmatien (1. Jh. n. Chr.).

Eine römische Braut bereitet sich auf die Hochzeit vor. Dabei helfen ihr eine Dienerin und ein Engel.

Heirat

Da die Ehe von den Familien aus wirtschaftlichen oder politischen Gründen arrangiert wurde, konnten Frauen ihren Partner nicht selbst wählen. Das Leben einer Ehefrau und Mutter war aber ganz angenehm. Von Kunstwerken aus der Römerzeit wissen wir, dass die Frauen viel Zeit mit Schönheitspflege und mit dem Einkauf von Schmuck und Parfüm zubrachten.

Vestalinnen waren Priesterinnen, die nie heirateten. Vor wichtigen Entscheidungen fragte man sie um Rat.

Mode

Die Kleidung war eher einfach. Frauen trugen zweiteilige Unterwäsche: Brustband und Hosen. Darüber zogen sie eine lange Tunika und einen Schal, die „Stola". Die Stoffe waren oft farbenfroh und von feinster Qualität. Sie wurden aus Nordafrika und Persien eingeführt. Manche Seiden- und Baumwollstoffe waren mit echtem Gold durchwirkt.

Schmuck-kästchen

SPORT UND SPIELE

Fast jede Stadt hatte mindestens eine Arena oder ein Stadion. Die Bürger gingen gern zu den öffentlichen Spielen. Diese Spiele waren grausam und wurden im Lauf der Zeit immer schlimmer. Bewaffnete Gladiatoren lieferten sich wilde Kämpfe. Die Zuschauer konnten mit Handzeichen über das Leben der Verlierer entscheiden: Daumen hoch bedeutete, er bekam das Leben geschenkt – Daumen runter, dass er sterben musste.

Gladiatoren im Kampf. Der Unbewaffnete in der Mitte ist der Schiedsrichter (Mosaik aus Zypern, 3. Jh. n. Chr.).

Wilde Tiere aus dem ganzen Reich kämpften zur Volksbelustigung gegeneinander oder gegen Menschen. Schwerverbrecher und, zu Kaiser Neros Zeiten, auch Christen wurden den Löwen vorgeworfen. Der Adel unterstützte die Spiele, die als Gedenkfeiern für die Vorfahren oder als Wahlveranstaltungen ausgerichtet wurden.

Wagenrennen

Neben den Spielen waren die Wagenrennen ein beliebter Zeitvertreib. Profifahrer kamen aus dem ganzen Reich um einmal im Circus Maximus, dem größten Stadion der Welt, ein Rennen zu fahren. Die Römer schlossen Wetten auf diese Rennen ab und verloren oft ein Vermögen.

Wagenrennen. Die Wagen wurden von einem oder zwei Pferden gezogen (Mosaik aus Sizilien, 4. Jh. n. Chr.).

Maske aus einer Tragödie. Eine griechische Schauspieltradition, die die Römer übernahmen.

Theateraufführungen

Das Theater bot ruhigere Unterhaltung. Die Römer hatten die Theatertradition der Griechen übernommen. Die Zuschauer saßen auf ansteigenden Sitzreihen im Halbrund um die Bühne. Die Schauspieler trugen Masken. Sie führten griechische Tragödien oder römische Stücke auf, meist Komödien oder Lustspiele. Frauen spielten und tanzten mit, bekamen aber keine Sprechrollen. Der bekannteste römische Bühnenautor war Plautus, dessen Komödien noch heute gespielt werden. Dichter, wie Horaz und Vergil, lasen aus ihren Werken in kleinen Theaterhäusern, die man „Odeon" nannte.

Römisches Theater in Pompeji. Bei den Nachmittagsvorstellungen war es meistens ausverkauft.

Redefreiheit

Die Menschen versammelten sich an Straßenecken um bekannte Redner zu interessanten Themen sprechen zu hören. Die Redefreiheit war den Römern sehr wichtig.

ERNÄHRUNG UND FESTESSEN

Die Römer liebten gutes Essen. Apicius und andere Schriftsteller schrieben viele Kochbücher, aus denen wir wissen, wie ausgefallen der Geschmack der Römer war. Gebratener Pfau und mit Milch gemästete Schnecken in Knoblauchbutter waren beliebte Delikatessen.

Mosaik mit verschiedenen Fisch- und Geflügelarten.

Essen war für viele Teil ihrer Lebensphilosophie. Die Anhänger des griechischen Philosophen Epikur glaubten fest an die Verfeinerung der Geschmackssinne durch gutes Essen. Die Auswahl an Speisen war riesig, da im Reich die verschiedensten Lebensmittel erzeugt wurden.

Frühstück und Mittagessen

Die ersten beiden Mahlzeiten des Tages bestanden aus Brot, Käse, kaltem Braten, Gemüse, Obst und verdünntem Wein. Das Abendessen am späten Nachmittag war die Hauptmahlzeit. Zur Vorbereitung brauchten die Sklaven viel Zeit, vor allem wenn der Hausherr Gäste einlud. Man bediente sich aus Schüsseln, die auf dem Tisch standen und

Bescheidenes Festmahl mit Musik (Mosaik).

machte es sich auf bequemen Liegen gemütlich. Männer und Frauen aßen gemeinsam. In anderen Kulturen mussten die Frauen allein essen. Man benutzte meistens die Finger zum Essen, Löffel für Soßen und Nachspeisen und Messer zum Schneiden und Aufspießen von Fleisch.

Nachbildung einer römischen Tafel mit typischen Speisen.

Kupfernes Weinsieb. Bevor man ihn mit Wasser mischte, wurde der Wein gesiebt.

Hauptmahlzeit

Sie bestand aus allen Arten von gebratenem Fleisch und Geflügel, Austern, Schnecken, gekochten Eiern, Salaten und Gemüse, Brot und Meeresfrüchten. Dazu wurden Soßen in kleinen Schalen gereicht, in die man Brot und Fleisch tunkte. Man kochte mit

vielen Kräutern und Gewürzen – am liebsten mit Knoblauch. Danach wurden Honigkuchen, Datteln mit Mandelcreme gefüllt, Früchte, Obstkuchen und Nüsse serviert. Die Römer tranken viel Wein, der aber mit Wasser verdünnt war.

Die Küche

Das Essen wurde auf offenem Feuer und in Ziegelöfen gekocht oder auf glühender Asche gegrillt (wie heute bei Grillparties).

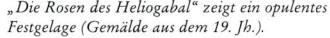

„Die Rosen des Heliogabal" zeigt ein opulentes Festgelage (Gemälde aus dem 19. Jh.).

ARCHITEKTUR UND TECHNIK

Die Römer waren großartige Techniker. Sie erfanden den Beton (eine schnell härtende Mischung aus Geröll und Zement) und bauten damit die bislang größten Gebäude der Weltgeschichte. Besonders begabte Architekten konstruierten Gewölbe, Kuppeln und tragfähige Bögen aus Beton.

Das Colosseum in Rom, eines der ersten Gebäude in dieser Größe.

R iesige Konstruktionen, wie das Colosseum oder der Circus Maximus, hatten Platz für mehrere Tausend Menschen.

Straßenbau

Die römischen Straßen bestanden, unter einer Lage fester Steine, aus mehreren Schichten Sand, Kies und Schutt. Steinerne Einfassungen hielten die Schichten zusammen.

Fußbodenheizungen waren so konstruiert, dass die erwärmte Luft von der Feuerstelle durch Gänge unter dem Fußboden strömte.

Brücken und Aquädukte

Die Techniker des Heeres bauten Hunderte von Brücken und Aquädukten im ganzen Reich. Sie errichteten hölzerne Bögen auf Ziegelpfeilern und gossen diese Konstruktion mit Beton aus. Die Außenseiten wurden mit Ziegeln und Steinen verkleidet, damit sie schön aussahen. Über die Brücken wurden Straßen geführt. Durch die Aquädukte liefen Wasserleitungen um das Wasser von der Quelle in die Stadt zu bringen. Ein Arm des Aquädukts von Carthago war sogar 128 Kilometer lang!

Abfluss in Pompeji. Die meisten Städte hatten ein gut durchdachtes Abwassersystem.

Bauwerkzeug

Die Römer erfanden Werkzeuge, die die Konstruktion der Bauwerke verbesserte. Der „Bronzewinkel" maß genau 45 bzw. 90 Grad, das „Senkblei" zeigte an, ob die Mauer gerade, und das „Groma", die Wasserwaage, ob die Oberfläche eben war.

Kunst am Bauwerk

Die Bauten der Römer waren genauso schön wie funktionell. Die Fußböden wurden mit Mosaiken geschmückt, die Wände mit Fresken bedeckt und die Säulen mit unterschiedlichen Ornamenten verziert. Die Häuser waren voll von feiner Keramik, Silber, Zinn, Bronze, Glas und Kristall. Selbst auf den Friedhöfen gab es kunstvolle Figuren und Gemälde.

Innenansicht der Kuppel im Pantheon. Ein Musterbeispiel der römischen Baukunst.

Das Aquädukt Pont-du-Gard/ Frankreich wurde von römischen Soldaten gebaut um Wasser in die Stadt zu leiten.

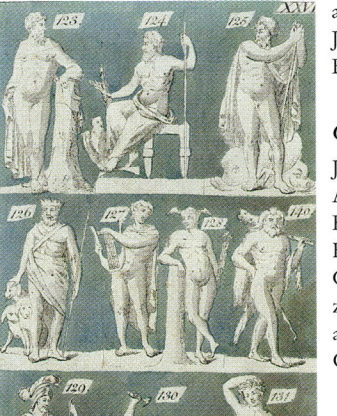

ROM UND DIE RELIGION

Die Römer glaubten an viele Götter, Göttinnen und Geister. Diese ähnelten den griechischen Gottheiten, hatten aber andere Namen. Zeus, der griechische Göttervater, hieß Jupiter – Hera, die Göttermutter, nannten die Römer Juno usw. Priester und Priesterinnen kümmerten sich um die Tempel. Die Priesterinnen der Göttin Vesta in Rom waren die „Vestalischen Jungfrauen".

„Das Gleichgewicht von Leben und Tod" (Mosaik aus Pompeji).

Alle versuchten die Götter gnädig zu stimmen. Mit kleinen Opfergaben bat man im Tempel um die Erfüllung von Wünschen. Man konnte sich eigene Götter auswählen: So betete eine Herrin zu Juno, der Göttin der Frauen, oder ein Bauer zu Ceres, der Göttin der Felder.

Teil eines Jupiter-Standbildes aus einem Tempel in Pompeji.

Götter

Jeder Gott hatte eine bestimmte Aufgabe: Venus war die Schutzgöttin Roms, Mars der Kriegsgott, Vesta die Hüterin des Hauses. Als Augustus Caesar Kaiser war, wollte das Volk ihn zum Gott erklären. Von da an wurden alle Kaiser und einige Kaiserinnen wie Götter verehrt.

Heidnische Götter (von links oben): Saturn, Jupiter, Neptun, Pluto, Apollo, Merkur, Herkules, Mars, Vulkan und Bacchus.

„Lararium" (Hausaltar).
In jedem Haus gab es einen
Schrein, der einem bestimm-
ten Gott geweiht war.

Andere Religionen

In Rom trafen viele Glaubensrichtungen und Religionen aus dem
ganzen Reich zusammen. Die ägyptische Göttin Isis war bei den
Frauen und der persische Stiergott
Mithras bei den Soldaten sehr
beliebt. Solange es keinen
politischen Ärger gab, war jede
Religion erlaubt.

Christentum

Schließlich gelangte auch das
Christentum nach Rom. Es
wurde zunächst abgelehnt, da die
Christen an einen einzigen Gott
glaubten und alle anderen Götter,
besonders die Gott-Kaiser, für
sich ablehnten. Das bedrohte die
Einheit des Reichs, die sich auf
die Anbetung des Kaisers stützte. Christen hielten geheime
Treffen ab und wurden, wenn man sie erwischte, hingerichtet.
Später ließen sich immer mehr Römer taufen, bis Konstantin, der
313 n. Chr. Kaiser wurde, das Christentum zur offiziellen Staatsreligion ernannte.

„Geburt der Venus" von Sandro Botticelli
(ca. 1482). Die klassische Mythologie
hatte lange großen Einfluss auf die west-
liche Kunst.

Byzantinisches
Wandgemälde in der
Kirche der Heiligen
Sophia in Istanbul/
Türkei. Die Kaiser
von Byzanz förderten
die religiösen Künste.

KURZE GESCHICHTE DES RÖMISCHEN REICHES

Die Regierungszeit von Kaiser Nero (58–64 n. Chr.) war verheerend. Er ließ Adelige und Senatoren umbringen um ihr Vermögen einzustreichen, ermordete seine Frau und seine Mutter und ließ Rom niederbrennen um es – angeblich – neu zu erbauen. Nach seinem Tod übernahm das Heer die Macht und stellte die nächsten vier Kaiser, die in den kommenden Bürgerkriegswirren regierten.

Keltischer Krieger. Die Kelten bekämpften die Römer in Britannien im 2./3. Jh. n. Chr.

Kaiser Vespasian brachte wieder Ordnung in den Staat. Er stärkte das Heer und gestaltete den Senat neu. Leider wurde sein Sohn Titus durch die Zerstörung Jerusalems und die Unterdrückung Palästinas berühmt. Nach Titus gab es eine ruhige Zeit im Reich. Der Spanier Trajan war der erste nicht-italienische Kaiser. Er erweiterte das Reich, indem er Dacien eroberte. Nach ihm kam der reisefreudige Hadrian an die Macht, der jeden Winkel seines Reichs besuchte und mit dem Bau des nach ihm benannten „Hadrianswalls" in Britannien begann. Mark Aurel wurde der Soldatenheilige genannt, weil er so weise war. Trotzdem führte er während seiner Regierung dauernd Kriege an der Reichsgrenze mit den Germanenstämmen. Im 3. Jahrhundert herrschte politisches und militärisches Chaos, ständig wechselten die Kaiser und

Der Titus-Bogen wurde für Kaiser Titus errichtet. Er regierte 79–81 n. Chr. und wurde durch die Zerstörung Jerusalems (70 n. Chr.) berühmt.

Der Hadrianswall wurde 122–126 n. Chr. erbaut um die Nordgrenze Englands zu verstärken.

das Reich wurde oft überfallen. Diokletian brachte Ruhe, indem er das Reich teilte und von zwei gleichgestellten Kaisern regieren ließ. Konstantin besiegte Diokletians Erben im Bürgerkrieg und machte das Christentum zur Staatsreligion. Er baute ein neues christliches Zentrum in Byzanz, das er in Konstantinopel umbenannte.

Der Vormarsch der Germanen

Um 400 n. Chr. fielen die Germanen in den Westen des Reichs ein. Sie plünderten Rom und gründeten eigene Staaten auf römischem Reichsboden. 476 n. Chr. dankte der letzte römische Kaiser, Romulus Augustus, ab.

Kaiser Konstantin überträgt Papst Silvester I. die Macht (Fresko).

Danach gab es das tausendjährige byzantinische Reich, dessen Hauptstadt Konstantinopel war.

Schlacht zwischen Römern und Barbaren (Teil eines Steinreliefs).

DAS ERBE DER RÖMER

Obwohl die Germanen in Rom einfielen, bewunderten sie doch die römische Lebensart und ließen die Stadt unversehrt. Noch heute sind in Rom unzählige antike Bauwerke, dank der hervorragenden Baukunst, zu sehen. In Konstantinopel (heute Istanbul) gibt es noch viele prächtige Kirchen, die von Kaiser Konstantin und auch noch später gebaut wurden.

Der Oberste Gerichtshof in Washington D.C.

Die Römer bauten in ganz Europa großartige Straßen. Sie entwässerten und rodeten Land und schufen große Städte. Sie bauten Bäder, Kanalisation, Wasserversorgung und beheizte Häuser. Viele dieser Errungenschaften gingen im Mittelalter verloren und wurden erst im 18. und 19. Jahrhundert wiederentdeckt.

Europäisches Rechtssystem

Die Römer errichteten Handelsverbindungen, die auch nach dem Niedergang des Reichs Bestand hatten, und hinterließen ein Rechtssystem, das als Grundlage für unsere heutige Gesetzgebung diente.

Eine 2000 Jahre alte Römerstraße in Ostia.

Künstlerisches Erbe

Die römischen Schriftsteller, Geschichtsschreiber und Dichter werden noch heute gelesen. Teile der lateinischen Sprache findet man im Französischen, Spanischen, Italienischen, Rumänischen und Englischen. Die Künstler und Bildhauer hatten großen Einfluss auf die Kultur unserer Welt.

Handgemalte Seite des Evangeliums aus dem 12. Jahrhundert.

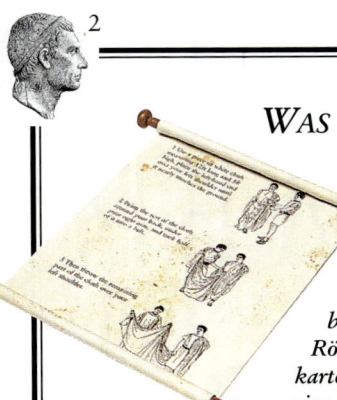

WAS IST IN DEINER SCHATZTRUHE?

Diese Truhe steckt voller erstaunlicher Schätze! Du findest darin: eine Schriftrolle, einen Lorbeerkranz, einen Legionär und eine Römerin zum Anziehen, eine Landkarte des Römischen Reiches, ein Spiel, eine Modell-Villa, eine goldene Bulle und eine Wachstafel mit Griffel.

Schriftrolle

So sah ein römisches Dokument aus. Es zeigt dir Schritt für Schritt, wie du dir eine echte Toga, ein römisches Kleid, machen kannst. Jetzt fehlen nur noch die Sandalen!

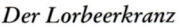

Der Lorbeerkranz

Mit dem grünen Band und den Filzblättern bastelst du dir deinen eigenen Lorbeerkranz. Die Anleitung dazu findest du in der Schatztruhe.

Die Anziehfiguren

Im Geheimfach sind zwei Bögen mit Anziehfiguren: eine Römerin und ein Legionär. Drücke die Figuren und die Kleidung heraus, dann kannst du die beiden ganz einfach ankleiden.

Die Landkarte

Auf dieser Karte kannst du verfolgen, wie das Römische Reich im Laufe der Jahre immer größer wurde. Außerdem findest du dort alle Orte und Städte, die im Buch und auf der Zeittafel vorkommen (**fett gedruckt**).

MEINE SCHATZTRUHE

DAS LEBEN DER ALTEN
RÖMER

ENTDECKE MEHR ALS 2.500 JAHRE GESCHICHTE VOLLER ABENTEUER

9783815717950

W0033273

ÜBERSETZUNG UND DEUTSCHE BEARBEITUNG
VON HILDEGARD TOMA

INHALTSVERZEICHNIS

LYNN BRITTNEY